Carl Unger
Was ist Anthroposophie?

Was ist Anthroposophie?

Carl Unger

Verlag am Goetheanum

Nachschrift eines Vortrages (1928) von Margarete Kreuzhage.
Der Text wurde
– mit freundlicher Genehmigung des Verlages Freies Geistesleben –
dem Band I der Schriften von Carl Unger entnommen
(Stuttgart 1964, S. 305 ff.).

Über Carl Unger ist im Verlag am Goetheanum
in der Reihe *Pioniere der Anthroposophie*
eine Biographie von Ronald Templeton erschienen
(Dornach 1990).

© Copyright 1996 by Verlag am Goetheanum, CH-4143 Dornach

Alle Rechte vorbehalten

Gesamtherstellung: Freiburger Graphische Betriebe, Freiburg i. Br.
ISBN 3-7235-0974-6

Inhalt

Was ist Anthroposophie? 7
Anmerkungen 26

Anhang

Vorwort zur 1. Auflage von Marie Steiner 29
Rudolf Steiner über Carl Unger 31

Rudolf Steiner hat sich oft mit bestimmten Ausdrücken darüber ausgesprochen, was Anthroposophie ist. Aber solche Formulierungen dürfen nicht aus ihrem Zusammenhang herausgerissen werden, denn sie charakterisieren das Wesen der Anthroposophie nach einer bestimmten Seite. Trotzdem muß die Frage, was Anthroposophie ist, beantwortet werden, denn sie ist durch die ganze Lage unserer Zeit wirklich gestellt, und zwar zum Beispiel in der folgenden Weise: Das bekannte *Oxford Dictionary* brachte unter dem Stichwort «Anthroposophy» eine Worterklärung, die von Kennern der Sache als durchaus unbefriedigend empfunden wurde; einer dieser Kenner wandte sich nun an Rudolf Steiner persönlich mit der Bitte, für dieses Nachschlagewerk eine Formulierung darüber zu geben, was Anthroposophie ist. Da schrieb Rudolf Steiner in englischer Sprache nieder: «Anthroposophy is a knowledge produced by the Higher Self in man.» (Anthroposophie ist eine Erkenntnis, die vom höheren Selbst im Menschen hervorgebracht wird.) Das ist nun eine Erklärung, die für die Öffentlichkeit bestimmt ist, für Menschen, die sich aus einem Nachschlagewerk orientieren wollen. Schon aus dieser Definition geht hervor, daß Anthroposophie kein Dogma ist und keine Wissenschaft im gewöhnlichen Sinn, sondern eine solche, für deren Zustandekommen tieferliegende Erkenntniskräfte des Menschen in Anspruch genommen werden müssen.

Eine ganz andere Antwort gab Rudolf Steiner in einem solchen Zusammenhang, daß sie sich an diejenigen Menschen wandte, welche der Anthroposophie intim nahe treten wollen, sozusagen an die Schüler der Anthroposophie. Diese Antwort lautet: «Anthroposophie ist ein Erkenntnisweg, der das Geistige im Menschenwesen zum Geistigen im Weltenall führen möchte.»[1] Wir wollen gegenüber diesen beiden gleichsam an polaren Stellen gegebenen Antworten für unsere Zwecke eine mittlere wählen und sagen: Anthroposophie ist ein Erkenntnisweg, den die Seele des gegenwärtigen Menschen sucht. Wir wollen damit eingehen auf eine Einführung in das Wesen der Anthroposophie, die Rudolf Steiner in Vorträgen gab, die er im letzten Jahre seines Lebens gehalten hat und die unter dem Titel «Anthroposophie»[2] als Buch erschienen sind. Da ging er davon aus, daß Anthroposophie wie jede Initiationswissenschaft dem entsprechen will, was im Grunde genommen die Herzen derjenigen durch sich selbst sprechen, die Anthroposophie nötig haben. So hat Rudolf Steiner den Herzen den Weg geöffnet, indem er seinen Erkenntnissen den Weg zu den Herzen wies. Das geschah, indem er bis zu klaren und wissenschaftlichen Gestaltungen gebracht hat, was die Menschen der Gegenwart in ihrem wissenschaftlichen Bewußtsein nicht erfassen konnten, sondern nur als Sehnsucht ihrer Seelen in sich trugen.

In seinem «Lebensgang»[3], den Rudolf Steiner im letzten Jahre seines Lebens in fortlaufenden Aufsätzen in der Wochenschrift «Das Goetheanum» herausgab, und der dann als Buch erschienen ist, hat er dargestellt, wie sich ihm schon in jungen Jahren die geistige Schau eröffnete. Es ist erschütternd zu lesen, wie er mit dieser Fähigkeit zur Einsamkeit verurteilt war, denn seine Umgebung konnte ihn schon als Kind nicht verstehen, und seine Jugend verlief im Bestreben, im Geistesleben seiner Zeit die Sprache zu suchen, in der er von seinen Erfahrungen mit der geistigen Welt zu seinen Nebenmenschen sprechen könnte. In der Mathematik mit ihrem reinen Denken fand er die ersten Anknüpfungen, aber er suchte vergebens bei den Philosophen, insbesondere bei Kant, bei der Naturwissenschaft seiner Zeit. Schließlich fand er bei Goethe die ersten Laute einer Geistessprache, und zwar nicht so sehr bei Goethe als Dichter, sondern in den naturwissenschaftlichen Schriften Goethes, denen er dann viele Jahre seines Arbeitens widmete. Er fand hier eine naturwissenschaftliche Methode, die das Tor zur geistigen Welt offen läßt; es war ihm tiefste Überzeugung geworden, daß in der Methodik der Naturwissenschaft eine Möglichkeit gefunden werden müßte, sie so auszubilden, daß sie das Geistige der Tatsachenwelt mit umspannen kann. Auf solchen Wegen nahm er die gesamte Erkenntnis der Gegenwart in sich auf. Am härtesten Widerstand, am Materialismus und Agnostizismus unserer Zeit, schmiedete er sich das Werkzeug, mit dem er seine anthroposophisch orientierte Geisteswissenschaft schuf; sie wird mit Recht Wissenschaft genannt, denn sie enthält die besten wissenschaftlichen Impulse der neueren Zeit.

So sprach er zu den Zeitgenossen als wirklicher Fachmann auf den verschiedensten Gebieten, ohne daß sie verstanden hätten, auf was es ankam, nämlich auf einen modern fortgebildeten Goetheanismus, dem er seine Hochschule, das *Goetheanum,* weihte. Aber in jedem seiner Werke bis zur Jahrhundertwende ist auch ein Stück der Seelenkonfiguration des gegenwärtigen Menschen gestaltet. Er suchte gleichsam mit seiner Geistesschau die Seelenorte auf, an denen das Geistesbewußtsein des heutigen Menschen schlummert, um es zu erwecken. Man kann sagen, die Gesamtheit der Werke Rudolf Steiners bis zur Jahrhundertwende schließt alles in sich, was zur Erringung ernster geistiger Einblicke für den modernen Menschen notwendig ist. Aber wirksam wurde sein Werk erst dann, als er zu Menschen sprechen konnte, die, zumeist unbekannt mit den wissenschaftlichen Grundlagen, unmittelbar von den geistigen Welten hören wollten. Wer in jener Zeit diesem Kreis beitreten durfte, der konnte wirklich den Eindruck haben, daß alle Menschen da sind, obwohl es nur etwa vierzig bis fünfzig waren, denen jeder einzelne kam rein als Mensch und ließ alles, was er sonst im Leben war, vor der Tür – der Professor und der Student, die Hausfrau und der Proletarier. Damit war eine neue Episode in der Geschichte des menschlichen Bewußtseins eröffnet; denn noch nie zuvor wurde in vollster Offenheit und Freiheit von der geistigen Welt *zu allen Menschen* gesprochen. Damit hing zusammen, daß auch die Wege zur geistigen Erkenntnis für jeden Menschen zugänglich wurden, während sie vorher im Geheimnis alter Mysterientradition verborgen waren. Das erste wirkliche Verständnis für Anthroposophie wird der erringen, der sie mit seinem unbefangenen Menschenwesen aufnimmt und dann alle Wissenskräfte aufruft, um sie in sich zu begründen. So kann Anthroposophie ihre Mission im gegenwärtigen Menschen erfüllen.

Es muß nun von größter Bedeutung sein, einen Einblick zu gewinnen, wie Rudolf Steiner das unentbehrliche Bindeglied zwischen Natur- und Geisteswissenschaft dargestellt hat. Es gilt hier eine Ehrenschuld an Rudolf Steiner abzutragen, denn er hat auf diesem Gebiet eine Entdeckung gemacht, die ebenso bedeutend ist wie die Entdeckung des Blutkreislaufs durch Harvey. Es ist die Entdeckung von der Dreigliederung der menschlichen Wesenheit. Wir lesen hierüber in «Mein Lebensgang», Kap. V: «Ich kam auf die *sinnlich-übersinnliche Form,* von der Goethe spricht, und die sich sowohl für eine wahrhaft naturgemäße wie auch für eine geistgemäße Anschauung zwischen das Sinnlich-Erfaßbare und das Geistig-Anschaubare einschiebt.» «Anatomie und Physiologie drängten Schritt für Schritt zu dieser sinnlich-übersinnlichen Form. Und in diesem Drängen fiel mein Blick zuerst in einer noch ganz unvollkommenen Art auf die Dreigliederung der menschlichen Wesenheit, von der ich erst, nachdem ich im stillen dreißig Jahre lang die Studien über sie getrieben hatte, öffentlich in meinem Buche, ‹Von Seelenrätseln› zu sprechen begann.» In dieser Stelle ist ein bedeutsames Zeugnis für die Forschungsweise Rudolf Steiners zu finden, insbesondere für die wissenschaftliche Gewissenhaftigkeit, mit der er vorgeht. Immer liegt sein Ausgangspunkt bei der Geistesschau, aber er arbeitet deren Resultate bis dahin, wo die sinnlich feststellbaren Tatsachen sind. Man kann ganz allgemein sagen, daß er keine geistige Forschung mitgeteilt hat, von der er nicht überzeugt war, daß sie durch Mittel des gewöhnlichen Bewußtseins begriffen werden kann. So hatte er die Entsagung, dreißig Jahre lang seine Entdeckung zu verschweigen, bis er sicher war, daß sie durch Mittel der physiologischen und biologischen Tatsachen bewiesen werden konnte. In diesem Buch «Von Seelenrätseln»[4] überschreibt er das Kapitel IV, 6: «Die physischen und die geistigen Abhängigkeiten der Menschen-Wesenheit». Er nennt selbst seine Darstellung skizzenhaft, weil ihm die Verhältnisse nicht gestatteten, das umfangreiche Buch zu schreiben, das die Ergebnisse seiner Entdeckung und seiner dreißig Jahre währenden Prüfung mit den heute vorhandenen wissenschaftlichen Mitteln begründen würde.

Die Entdeckung von der Dreigliederung des menschlichen Wesens läßt sich nach dem erwähnten Buche wie folgt zusammenfassen: «Die körperlichen Gegenstücke zum Seelischen des Vorstellens hat man in den Vorgängen des Nervensystems mit ihrem Auslaufen in die Sinnesorgane einerseits und in die leibliche Innenorganisation andererseits zu sehen.» Das Fühlen muß man in Beziehung bringen «zu demjenigen Lebensrhythmus, der in der Atmungstätigkeit seine Mitte hat und mit ihr zusammenhängt», und zwar verfolgt «bis in die äußersten peripherischen Teile der Organisation». «Und bezüglich des Wollens findet man, daß dieses sich in ähnlicher Art stützt auf Stoffwechselvorgänge. Wieder muß da in Betracht gezogen werden, was alles an Verzweigungen und Ausläufern der Stoffwechselvorgänge im ganzen Organismus in Betracht kommt.»[4]

So ergeben sich zunächst die physischen Abhängigkeiten der Menschenwesenheit. Der erste Teil dieser Entdeckung ist ja heute schon weitgehend erforscht; man kennt die Abhängigkeit des Vorstellungslebens von der Nervenorganisation. Doch wird gerade dadurch, daß man die anderen Abhängigkeiten nicht kennt, der Bereich dieser Nervenwirkung zu weit gesteckt. Dies führt zum Beispiel dazu, daß den Nerven auch beim Zustandekommen von Bewegungen maßgebender Einfluß zugeschrieben wird. Dies ist nach Rudolf Steiners Forschungen, die durchaus von der modernen Wissenschaft bestätigt werden können, unberechtigt; auch die sogenannten motorischen Nerven müssen als Träger einer Wahrnehmung aufgefaßt werden, und zwar der Wahrnehmung der Bewegungen selbst. Diese Überschreitung des Geltungsbereichs der Nervenwirkung führt auch in der Ausdehnung auf das Psychologische dazu, daß vom gesamten Seelenleben nur die Vorstellungen anerkannt werden. Von ihnen sagt Theodor Ziehen, daß sie höchstens gefühlsbetont sein könnten; und ein selbständiges Willenswesen in der Seele leugnet er überhaupt. Auch hier handelt es sich darum, daß die Vorstellungen von Gefühl und Wille mit diesen Seelenäußerungen selbst verwechselt werden. Wir müssen also das Nervensystem als ein zusammenhängendes Ganzes betrachten, das die Leiblichkeit überall durchdringt mit geringen Ausnahmen und Träger des Vorstellungsmäßigen ist vom Wirken der Sinne bis zu den Äußerungen des Denkens.

Nun gilt es, in gleicher Art die leibliche Grundlage des Fühlens zu verstehen. Das rhythmische System ist ebenso ein in sich abgeschlossenes selbständiges Ganzes, es umfaßt im wesentlichen den Kreislauf des Atems und den des Blutes. Diese Wirkungen durchziehen wiederum die ganze Leiblichkeit; beide gehören durchaus zusammen, denn der Atem erstreckt sich durch das ganze Blutsystem. Es ist psychologisch nicht schwer, mit diesen Wirkungen das

Gefühlsmäßige zusammen zu schauen, indem man verfolgt, wie Atem- und Blutrhythmus sich ändern beim Auf- und Abwogen der Gefühle. In gleicher Art sind die Stoffwechselvorgänge Träger des Willenselements der Seele; man muß aber die Stoffwechselvorgänge durch die ganze Leiblichkeit verfolgen, insbesondere bis in die Muskelwirkungen, in denen sich eben Stoffwechselvorgänge abspielen; sie können psychologisch leicht mit den Willensäußerungen zusammengebracht werden.

Zum Psychologischen gehört auch noch der Bewußtseinsgrad, der nach Rudolf Steiners Forschungen diesen Seelenvorgängen zukommt. Er gibt an, daß «ein vollbewußtes waches Erleben nur für das vom Nervensystem vermittelte Vorstellen vorhanden» ist, für alles Gefühlsartige die Bewußtseinsstärke, «welche die Traumvorstellungen haben», für das Wollen nur der ganz dumpfe Grad des Bewußtseins, «der im Schlafe vorhanden ist».[4] Daß das Wachsein am Nervensystem hängt, ist wiederum leicht einzusehen. Aber es wird zumeist nicht stark genug gewürdigt, daß das gewöhnliche Wachbewußtsein fortwährend von Halbbewußtem durchzogen ist. Schon die gefühlsbetonten Vorstellungen gleichen einem Träumen, das neben dem Wachsein weitergeht; aber gerade die Gefühle selbst sind eine auf- und abwogende, eine schwebende Bilderwelt, die ganz dem Träumen gleicht. Das Willensmäßige aber wird richtig verschlafen. Wir haben zum Beispiel die Vorstellung des gebeugten Armes und haben auch die Vorstellung, daß dieser Arm im nächsten Augenblick gestreckt sein wird; aber wie diese Vorstellungen sich in die wirkliche Bewegung umsetzen, davon haben wir kein Bewußtsein. Erst nachdem die Bewegung, die wir auf diese

Weise verschlafen, vor sich gegangen ist, haben wir wieder die Vorstellung, daß der Arm sich wirklich gestreckt hat.

Das alles betrifft nur die eine Seite von Rudolf Steiners Entdeckung. Wäre nur sie vorhanden, so wäre es zwar eine bedeutende Entdeckung, aber sie würde sicherlich die schlimmsten Wirkungen hervorbringen. Gewiß ist es notwendig, daß die hier nur skizzierten Abhängigkeiten des Seelischen vom Leiblichen bis in alle Einzelheiten wissenschaftlich erforscht werden; aber dann würde sich auch das Ergebnis einstellen, daß diese Erkenntnis der Abhängigkeiten in einem bestimmten Sinne mißbraucht würde. Schon heute sind Bestrebungen im Gange, die dahin führen werden, durch die Zuführung bestimmter Substanzen in die leiblichen Organisationssysteme eine Beeinflussung des Seelenlebens zu erzielen. Wenn dieses aber erreichbar ist – und es wird sicher eines Tages erreicht werden –, dann ist es zu Ende mit der menschlichen Freiheit. Hier droht eine gewaltige Gefahr, die nicht ernst genug genommen werden kann. Man stelle sich vor, wie die Seelenfunktionen reguliert oder gar normalisiert werden, und man denke an die psychotechnischen Experimente, die in westlichen Ländern geübt werden, oder an die geradezu biologischen Experimente der Bolschewisten, und man wird einsehen, daß niemals diese eine Seite von Rudolf Steiners Entdeckung allein dargestellt werden darf, sonst versündigt man sich an seinem Werk.

Die andere Seite betrifft die geistigen Abhängigkeiten der Menschenwesenheit, und sie enthält in deutlicher Weise die Mittel, um solchen unbefugten Eingriffen ins Seelenleben zu entgehen. In seinem Buch «Von Seelenrätseln» hat Rudolf Steiner die Beziehungen, «welche das Seelische des gewöhnlichen Bewußtseins zum Geistesleben hat», ausgesprochen; wir können sie wie folgt kurz zusammenfassen: Das «Geistig-Wesenhafte, das die Grundlage ist für das Vorstellen des gewöhnlichen Bewußtseins», kann «nur durch schauendes Erkennen erlebt werden». Es enthüllt sich in Imaginationen. Das Fühlen erfließt von der geistigen Seite her «aus einem Geistig-Wesenhaften, das innerhalb der anthroposophischen Forschung durch Methoden gefunden wird, welche ich [Steiner] in meinen Schriften als diejenige der Inspiration kennzeichne». Das Wollen «erströmt aus dem Geiste für das schauende Bewußtsein durch dasjenige, was ich in meinen Schriften die wahrhaftigen Intuitionen nenne».[4]

Diese Seite der Abhängigkeiten trifft in den Mittelpunkt des Wesens der Anthroposophie. Wenn wir zum Beispiel in Rudolf Steiners Buch «Wie erlangt man Erkenntnisse der höheren Welten?»[5] die Übungen nachlesen, welche zur Imagination, der nächsthöheren Erkenntnisart führen, dann können wir finden, daß es sich darum handelt, das Denken so in sich zu festigen, daß es sich von der Gebundenheit an die leibliche Grundlage löst. Damit ist aber der Schutz gegen unbefugte Eingriffe gegeben. Nun hat das heutige Denken schon einen hohen Grad von Reinheit erlangt. Die Selbstlosigkeit der wissenschaftlichen Gesinnung wirkt schon stark nach der imaginativen Seite hin. Aber diese Entwicklung muß weitergehen und auf das Fühlen übergreifen, so daß entsprechende Übungen in der Welt bekannt sind, ehe die Gefahren für die tieferliegenden Seelengebiete heraufkommen. Eine Selbstlosigkeit des Fühlens ist viel schwerer zu erreichen, aber im entsprechenden Seelenüben kann das Fühlen in derselben Weise von seiner leiblichen Gebundenheit gelöst werden. Das Ergebnis einer solchen Umwandlung des Fühlens ist die von Rudolf Steiner aufgewiesene Erkenntnisart der Inspiration. Schon der Name Inspiration deutet auf die Verbundenheit mit dem Atmen, und in altorientalischen Schulungen wurde die Erlangung der Inspiration durch Atemübungen angestrebt. Noch schwerer zu erlangen ist die Selbstlosigkeit im Wollen, wodurch dieses Seelenelement in die zunächst höchste Erkenntnisstufe der Intuition übergehen soll. Auch hier kommt es darauf an, daß durch die innere Festigung des Seelenlebens dieses geschützt wird gegen unbefugte Eingriffe von der leiblichen Seite her. So wird das, was geistige Abhängigkeit der Seele genannt werden kann, im übenden Gestalten zur Geistesfreiheit.

So erst stellt sich das Ganze der Entdeckung Rudolf Steiners dar, durch die das unentbehrliche Bindeglied zwischen Natur- und Geisteswissenschaft gegeben ist. Es ist leicht zu empfinden, wie die Seele des heutigen Menschen den Anfang solcher Umwandlungen in sich verspürt und daher nach Bewußtheit des Seelenlebens strebt. Die Seele sieht sich in ihrem Bestand durch die heutige materialistische Wissenschaft bedroht durch eine wahre Leibeigenschaft, das heißt die völlige Abhängigkeit vom Leiblichen. So ist Anthroposophie ein Erkenntnisweg, den die Seele des gegenwärtigen Menschen sucht.

An diesem Beispiel der Dreigliederung der menschlichen Wesenheit ist grundsätzlich wichtig, die Forschungsweise Rudolf Steiners zu erkennen und den Weg zu sehen, auf dem das gewöhnliche Bewußtsein des heutigen Menschen Zutritt zu seinen übersinnlichen Forschungen gewinnen kann. Er selbst geht immer von den höheren Erkenntnisarten, Imagination, Inspiration und Intuition, aus und arbeitet sich dann bis zu den entsprechenden sinnlichen Tatsachen hin. Wenn er nun seine Forschungen darstellt, damit das gewöhnliche Bewußtsein sie begreifen kann, dann geht er den umgekehrten Weg, der zeigt, wie man von bestimmten Erlebnissen des Alltagsbewußtseins ausgehen kann, um die geistigen Grundlagen der Welt zu erkennen. Das kann als die erste große Botschaft Rudolf Steiners an die gegenwärtige Menschheit aufgefaßt werden, daß er den Menschen den Weg gewiesen hat, eine solche Anschauung vom Wesen des Menschen zu gewinnen, daß durch sie die geistigen Grundlagen der Welt und das geistige Sein des Menschen durchschaubar werden.

Wir können von der Betrachtung der Dreigliederung des menschlichen Wesens aus unmittelbar auch zu den übrigen anthroposophischen Forschungen Rudolf Steiners gelangen. Vor allem ist festzuhalten, daß der heutige Mensch kein Geistiges anerkennen könnte, wenn er die Methode des naturwissenschaftlichen Forschens dabei grundsätzlich preisgeben müßte; aber wie wir sahen, läßt sich diese Methode in das geistige Gebiet hinein fortsetzen. Schon die obige Gliederung der menschlichen Wesenheit zeigt aus naturwissenschaftlichen Gesichtspunkten, was früher nur in philosophischem Sinne erörtert werden konnte, nämlich die Konstitution des Menschen als Leib, Seele und Geist. Von dieser Gliederung geht Rudolf Steiner in seinem Buch «Theosophie»[6] aus. Nennen wir philosophisch, was das gewöhnliche Bewußtsein an Geistigem begreifen kann, so können wir sagen, daß Rudolf Steiner in diesem Buch «Theosophie» die philosophischen Formen für seine Anthroposophie geschaffen hat. Wenn man bei der Dreigliederung in Leib, Seele und Geist beginnt und die geisteswissenschaftlichen Forschungen als Fortsetzung der naturwissenschaftlichen behandelt, dann erhält man eine Gliederung vom Wesen des Menschen, welche die obige gleichsam überschneidet; sie ist eben im Buch «Theosophie» dargestellt.

Das gewöhnliche Bewußtsein erkennt nur die mineralische Welt und den mineralischen Anteil an der menschlichen Leiblichkeit, auch gegenüber den obigen drei Systemen. Aber gerade an den drei Systemen zeigt sich, daß das Mineralische gar nicht zu denken ist ohne Leben und Bewußtsein. Rudolf Steiner zeigt nun, wie die Anwendung der imaginativen Erkenntnisart auf die leibliche Wesenheit des Menschen die Tatsächlichkeit des Lebendigen in wissenschaftlichem Sinne feststellen kann, und er weist die Wege, wie man dies auch aus dem gewöhnlichen Bewußtsein heraus begreift. Er beschreibt, was Imagination an der Leiblichkeit wahrnimmt als die Welt des Ätherischen, und nennt des Menschen Anteil daran den Ätherleib des Menschen. Ebenso besitzt das Tier und die Pflanze einen Ätherleib. So wird das Lebendige der Forschung zugänglich. Das Bewußte wird in ähnlicher Weise durch Inspiration erforscht. Wiederum eröffnet sich dadurch eine neue Welt, die Rudolf Steiner die astralische nennt. Des Menschen Anteil an ihr ist der Astralleib des Menschen, den er noch mit allem Tierischen gemein hat. So ergibt sich eine Dreiheit der leiblichen Wesenheit des Menschen als physischer Leib, Ätherleib und Astralleib. Tritt nun noch die Erkenntnisart der Intuition hinzu, so steht vor ihr die Tatsächlichkeit eines Wesenhaften, das der Mensch als sein Ich unmittelbar erlebt. Durch dieses Wesensglied erhebt sich der Mensch über die anderen Naturreiche.

Nun durchdringt dieses Ich wesenhaft die dreifache Leiblichkeit und lebt in ihr als dreifaches Seelenwesen, das der übersinnlichen Forschung ebenso offen steht wie der Anblick der drei Naturreiche dem gewöhnlichen Bewußtsein. Wir erleben nun diese dreifache Wesenheit von innen aus und können aus eigenem Seelischen, das heißt Übersinnlichen heraus begreifen, was Rudolf Steiner die Empfindungsseele, die Verstandesseele und die Bewußtseinsseele nennt. In solchem Nachsinnen über die geistige Forschung gewinnt der Mensch schon den Übergang von der erkennenden Bewußtheit des gewöhnlichen Seins zum innerlichen Nacherleben und damit zu einer Entfaltung noch schlummernder Fähigkeiten. Bilden wir jetzt noch die Vorstellung, daß die drei übersinnlichen Erkenntnisarten, Imagination, Inspiration und Intuition, sich auf ihr eigenes Wesen richten, dann ergeben sich daraus drei Glieder der geistigen Wesenheit des Menschen, die aber beim gewöhnlichen Bewußtsein noch schlummern; Rudolf Steiner beschreibt die dreifache Geistigkeit des Menschen als Geistselbst, Lebensgeist und Geistesmensch.

Der Mensch lebt als Ich und unterscheidet sich selbst als solches von der übrigen Welt, deren Erkenntnis er sucht. Dieses Ichbewußtsein entzündet sich im Anstoßen des physischen Leibes an die Außenwelt. Bei der Entwicklung zu höheren Erkenntnissen löst sich das Ich von der Gebundenheit an den physischen Leib, und es kann sich nun am Ätherleib zur Imagination entzünden. In weiteren Stufen der Entwicklung entzündet sich das Ich am Astralleib zur

Inspiration und an seinem eigenen Wesen zur Intuition. Diese höhere Entfaltung der Erkenntniskräfte kann auch so aufgefaßt werden, daß dadurch das Wachsein auch in diejenigen Gebiete eindringt, die der Mensch sonst verschläft oder verträumt; denn die Entzündung des Ichbewußtseins an den höheren Wesensgliedern ist ein fortschreitender Aufwachprozeß.

Damit ist der Weg angegeben, auf dem die weiteren Zustände des Menschen nach dem physischen Tod erforscht werden können. Rudolf Steiner schildert die Wanderung der Menschenseele und des Menschengeistes durch die Gebiete der höheren Welten nach dem Tod und macht diese Zustände begreiflich aus dem Verständnis für das Wesen des Menschen selbst heraus; in dieser Wanderung durch die höheren Welten nach dem Tode geschieht ein schrittweises Zurückziehen der eigentlichen Geistwesenheit, des Ich des Menschen von seinen Hüllen, die ihn an die irdische Welt gebunden hatten. Bei der Darstellung dieser Zustände verwendet Rudolf Steiner häufig den Vergleich zwischen Schlaf und Tod, was bei ihm durchaus nicht ein aus der Antike übernommener Trivialvergleich, sondern ein erforschbarer Parallelismus ist (siehe «Die Geheimwissenschaft im Umriß»[7]). Der Schlaf hat aber für das Bewußtsein eine doppelte Bedeutung; man kann nicht nur das Einschlafen beachten, sondern auch das Aufwachen, und so handelt es sich um einen vollständigen Kreislauf. Entsprechend ergeben sich für Rudolf Steiners Forschungen auch nicht nur die Zustände nach dem Tod in den geistigen Welten, sondern auch die vorgeburtlichen geistigen Zustände, und beide schließen sich zum Kreislauf der wiederholten Erdenleben zusammen.

Damit kommen wir zu der zweiten großen geistigen Botschaft Rudolf Steiners an die gegenwärtige Menschheit. Sie bezieht sich auf die Erweiterung des menschlichen Lebens über Geburt und Tod hinaus bis zum Überschauen aufeinanderfolgender Lebensläufe und ihres schicksalhaften Zusammenhanges. Damit gewinnt das irdische Menschenleben erst seinen konkreten Sinn. Rudolf Steiner gibt wiederholt die Beispiele solcher historisch bedeutender Zusammenhänge aufeinanderfolgender Lebensläufe. Die Wiederverkörperung des Geistes und das Schicksalgesetz bilden den Inhalt des Mittelpunktkapitels von Rudolf Steiners Buch «Theosophie». Gerade dieses Kapitel ist ein Schulbeispiel dafür, wie durch eine sinngemäße Anwendung naturwissenschaftlicher Anschauungen so schwierige geistige Tatsachen vorstellbar werden. Hier handelt es sich vor allem um die geistgemäße Deutung des heute so materialistisch ausgelegten Begriffs der Entwicklung, der dadurch nicht nur einen biogenetischen, sondern auch einen psychogenetischen Inhalt bekommt und hier eigentlich erst vollberechtigt ist. So findet Rudolf Steiner «Reinkarnation und Karma, vom Standpunkt der modernen Naturwissenschaft notwendige Vorstellungen» (1903). Das ist der Titel einer Sonderschrift, die Rudolf Steiner vor vielen Jahren herausgegeben hat.[8] Auch diese große Botschaft Rudolf Steiners kann nur dadurch aufgenommen werden, daß das Seelenleben des Menschen an der physischen und geistigen Entwicklung innigsten Anteil nimmt und daß alle Kräfte der Seele aufgerufen werden, um diese Tatsächlichkeiten nicht als abstrakte Theorien, sondern als in der Seele selbst sich vollziehende Geschehnisse erleben zu lassen.

Indem sich so der Mensch als Weltenwanderer erkennen lernt, der die Reiche der Natur und die Reiche des Geistes durchmißt, kann er auch Zugang gewinnen zu der dritten großen Geistesbotschaft Rudolf Steiners an die gegenwärtige Menschheit. Durch seine eigene Teilnahme an den Geschehnissen der Welt gewinnt der Mensch nicht nur eine neue Erkenntnis seines Wesens, sondern auch des Wesens der Welt. Die Entstehung der Erde und des Menschen aus einem gemeinsamen Geistesursprung, eine Kosmologie, die zugleich eine Anthropogenie ist, das ist die dritte große Forschungsgruppe in der Anthroposophie Rudolf Steiners. In gewaltigen Entwicklungsrhythmen vollzieht sich die Welterschaffung, indem in aufeinanderfolgenden Kreisläufen die einzelnen Elementarzustände der immer physischer werdenden Erde und die immer individueller werdenden Bewußtseinszustände des Menschen entstehen. Des Menschen Urbewußtsein war durchaus mit dem Geistig-Göttlichen verbunden in einer Epoche, als noch keine physische Welt vorhanden war. In dieses gewaltige Entwicklungstableau stellt Rudolf Steiner seine Erlebnisse mit den schaffenden Wesen der Welt hinein, die den Menschen in der geistigen Welt ebenso umgeben wie in der physischen Welt die Reiche der Natur. Die Kreisläufe verdichten sich in fortlaufend immer enger werdenden Wiederholungen zu dem, was sich dann als Welt- und Menschheitsgeschichte im engeren Sinne darstellt, und so erhalten wir eine neue Auffassung der Geschichte, die mit dem Werden der Seele dadurch verbunden ist, daß es die einzelnen menschlichen Individualitäten selbst sind, die in aufeinanderfolgenden Lebensläufen die Gestaltung der Geschichte herbeiführen.

In dem Individuell-Werden des Menschen offenbart sich seine Gottesentfremdung, die von der alten Geistigkeit nur noch die Sehnsucht der Seelen übrigläßt. Aber die kosmisch-menschliche Entwicklungsgeschichte eröffnet auch ein Verständnis für das geschichtliche Ereignis, durch das sich die geistig-göttliche Welt wieder mit dem einzelnen Menschen vereinigen will, für das Mittelpunktsereignis der ganzen Menschheitsgeschichte, das «Mysterium von Golgatha». Durch die innere Teilnahme der Menschenseele an diesen weltumspannenden Geschehnissen wird das Christentum zugleich als kosmisches Ereignis und als mystische Tatsache verstanden (siehe Rudolf Steiners Buch «Das Christentum als mystische Tatsache»[9]). Für Rudolf Steiners Anthroposophie steht die Christuserkenntnis nicht am Anfang als Dogma, sondern am Ende als Entwicklungsziel der Menschheit. Das ist das Apokalyptische der Anthroposophie, das in die Zukunftsentwicklung der Menschheit weist, wo sie sich herausringen wird aus der Fesselung an das physische Bewußtsein und zu höheren Daseinsstufen aufsteigen wird, die der Eingeweihte unserer Tage vorausgeschritten ist. Die drei großen geistigen Botschaften an die gegenwärtige Menschheit werden dadurch zusammengefaßt, daß Rudolf Steiner alle seine Forschungen durchdrungen sein läßt von den konkreten Methoden, mittels derer die Erkenntnisse der höheren Welten erlangt werden. Die Keime dazu liegen in der heutigen Seele verborgen und warten auf Befreiung. Das führt zu allen möglichen «Bewegungen», in denen sich die Sehnsucht der Menschen verbirgt. Aber immer mehr wird das Eingehen auf die Ziele, die Rudolf Steiner gewiesen hat, die Menschen zu seinen Nachfolgern machen können.

Dann wird die Frage, was Anthroposophie ist, nicht mehr nur die Antwort fordern: ein Erkenntnisweg, den die Seele sucht, sondern die Antwort, die Rudolf Steiner seinen Schülern gab: ein Erkenntnisweg, der das Geistige im Menschenwesen zum Geistigen im Weltall führen möchte.

Anmerkungen

GA = Rudolf Steiner Gesamtausgabe, Dornach

1 Anthroposophische Leitsätze (1924/25), GA 26, 9. Aufl. 1989 (1. Leitsatz, 17. 2. 1924)
2 Anthroposophie – Eine Zusammenfassung nach einundzwanzig Jahren (1924), GA 234, 6. Aufl. 1994
3 Mein Lebensgang (1923–25), GA 28, 8. Aufl. 1982
4 Von Seelenrätseln (1917), GA 21, 5. Aufl. 1983
5 Wie erlangt man Erkenntnisse der höheren Welten? (1904–05), GA 10, 24. Aufl. 1993
6 Theosophie. Einführung in übersinnliche Welterkenntnis und Menschenbestimmung (1904), GA 9, 31. Aufl. 1987
7 Die Geheimwissenschaft im Umriß (1910), GA 13, 30. Aufl. 1989
8 Enthalten in: Wiederverkörperung und Karma, GA 135, 4. Aufl. 1989
9 Das Christentum als mystische Tatsache und die Mysterien des Altertums (1902), GA 8, 9. Aufl. 1989

Anhang

Vorwort zur 1. Auflage

> Dieses Vorwort wurde von Marie Steiner unter dem unmittelbaren Eindruck des am 4. Januar 1929 erfolgten tragischen Todes von Carl Unger geschrieben.

Rudolf Steiners geistaufklärende Vortragstätigkeit in Deutschland wurde durch geheimnisvolle Wühlarbeit gewaltsam unterdrückt in dem Augenblick, als ihm die Herzen großer Menschenscharen auch außerhalb der Anthroposophischen Gesellschaft zuflogen und die Seelen in ihm den Mann erkannten, der in der Zeit des Umsturzes und des Zusammenbruchs neue Wege und Ziele weisen konnte. Und in der Silvesternacht von 1922 auf 1923 leuchteten in blutrotem Scheine die Juraberge der Schweiz, verkündend den Brand des Goetheanums, eines Wunderwerks der Baukunst im Sinne zukunfttragender Geisteskunst, seine Schöpfung.

Der Bahnbrecher des menschheitlichen Geistesaufschwungs schuf sein künstlerisches Werk um zu einem Werke nie geahnter Worteswucht. Dann brach des nie vorher Kränkelnden Gesundheit jäh zusammen, und er schied.

In Leid und Bedrängnis reifte heran sein treuester und tätigster Schüler zu erstaunlicher Geistesklarheit und Erkenntniskraft, zu sittlicher Integrität. Sein Wort aber wurde durchklungen von lichter geistiger Wärme; die mächtigen Gedankenpfeiler strebten empor zu jenen Höhen, in denen wortarchitektonische Sicherheit zum kunstvollendeten Dome sich wölbt. Er durfte nun gereift in die Bahnen seines Vorgängers und Lehrers treten und dessen Werk in Würde weiterführen, auf jenem Niveau es haltend, auf dem allein Rudolf Steiner sein Werk fortgesetzt sehen wollte. Da traf ihn die mörderische Kugel in dem Augenblicke, als er in Nürnberg zum Rednerpulte schritt, um jenen Vortrag zu halten, der nun gedruckt hier vorliegt.

In Rudolf Steiners Schriften finden wir eine Charakteristik dieses, seines fähigsten Werkgenossen. Wir fügen sie dieser Schrift bei, so im nachtodlichen Wirken das Andenken beider Männer vereinend, die treue Freundschaft im Leben verband zu aufopferndem Menschendienst.

Marie Steiner

Rudolf Steiner über Carl Unger

Dr. Carl Unger ist seit vielen Jahren der eifrigste, hingebungsvollste Mitarbeiter in der anthroposophischen Bewegung. In Haag hat er als Techniker und als Philosoph gesprochen über «Die sozialen Aufgaben der Technik und der Techniker» und «Zur philosophischen Begründung der Anthroposophie». – Frühzeitig sah Dr. Unger, daß Anthroposophie vor allem einer strengen erkenntnistheoretischen Begründung bedarf. Mit tiefem Verständnisse nahm er auf, was ich selbst vor vielen Jahren in meinen Schriften «Erkenntnistheorie», «Wahrheit und Wissenschaft» und «Philosophie der Freiheit» habe geben können. Er entwickelte die Anregungen selbständig weiter. Die Natur des menschlichen Erkenntnisprozesses in lichtvoller, klarer Analyse zu durchschauen und das Durchschaute in synthetischer Art zu einem wirklichen Bilde des Erkennens zu machen, war sein von denkerischem Scharfsinn getragenes Bestreben. Unger ist nicht Dialektiker, sondern Beobachter der empirischen Erkenntnis-Tatbestände. Und das macht, daß er im Laufe der Jahre ganz besonders Wertvolles liefern konnte, nach der Richtung hin, daß der Erkenntnisprozeß des gewöhnlichen Bewußtseins durchaus überallhin die Impulse zur anthroposophischen Forschung aus sich selbst hervortreibt. Dabei ist Ungers Denken geschult an den technischen Problemen, ist dadurch frei von jeder subjektiven Verschwommenheit, und deshalb ist seine wissenschaftliche Mithilfe in der Anthroposophie die denkbar bedeutungsvollste. Er ist in seinem Denken, Forschen und technischen sowohl wie anthroposophischen Arbeiten mit den Jahren ständig gewachsen. In seinen beiden Haager Vorträgen hat er reife Früchte dieses Wachsens geboten. Er zeigte in seinem ersten Vortrag, wie gerade der Techniker zu sozialem Verständnis in der Gegenwart herausgefordert ist; in dem zweiten, wie Philosophie aus ihrer eigenen geschichtlichen Entwicklung in der Gegenwart in Anthroposophie einmünden müsse.

Rudolf Steiner in seinem Bericht «Meine holländische Reise» in der Wochenschrift «Das Goetheanum» vom 7. Mai 1922